JN440049

고양이의 방

시하늘시인선

04

고양이의 방

●

이은경 시집

그루

시인의 말

팔거천
쉬지 않고
흐르던 물
잠시
돌멩이에 걸려
멈칫하고
쉼터에 앉습니다
위기가 기회라며
그동안 보이지 않던 사물들도
눈빛을 보내옵니다
시의 옷을 입고 가게 된
소중한 삶에 감사하며
천천히 흐르는
여유도 가져 보라고 합니다

2021년 여름
정년퇴임을 기념하며
이은경

차례

2부 꽃눈이 오던 자리

3부 모과 까치밥

4부 칸나가 피던 꽃밭 한 평

1부

고양이의 방

홍매화나무에 바람이 들면

굳은 몸 빌려 너를 내보내니
이번에도 신열을 앓는다

엄동을 견딘 가지에 너를 걸고 보니
봄이 가장 먼저 보인다고 찾아온 발길

손끝마다 손님 맞는 마음 화려한데
내 안은 빈 등걸로 그만 바람이 든다

바람마저 다 비워야 너를 다시 만나리니
통도사 대웅전 문살에 잠시 새봄 맞는 마음을 기댄다

고양이의 방

그 방에는 밖이 궁금한 고양이가 산다

털이 부드러워 공기로 떠다니는 위험한 고양이
목소리는 너무 작아 목울대에 멈춰 있는 치즈 빛깔

소유할 수 없는 그리움의 고양이 한 마리
모래를 만나면 영역을 표시하는
사막에서 쫓겨난, 사막을 그리워하는 종족

별빛 내리는 창가를 보며 높은 곳만 오르는 습성
창을 열면 까마득한 허공
문밖이 그립다고 뛰어내릴 수도 없는데

오직 혼자만의 세상이 당연한 고양이의 고립
어제도 오늘인, 오늘도 내일인 고양이의 숨소리
방황이 두려운 길고양이는 길들여진 유전자를 숨기고

날카로운 발톱을 거세하고 들판의 자유도 감금한
깊은 우물처럼 조용한 그 방에서
사각사각 들리는 저 소리는 자라나는 야성인가

오늘 밤 탈출보다 푸른 모래언덕을 그리워하며
어둠을 엿보는 한 마리 고양이
고양이가 궁금하여 그 방을 살그머니 흔들어 본다

무슨 소리일까, 목젖이 보일까 궁금한데
밤이면 불 켜진 놀이터가 보이는 그 방에는
먹이를 잊어버리고 어슬렁거리는 성자가 산다

고양이의 잠

고양이의 거처는 한동안 비밀이었다

다만, 들고 난 흔적으로 다녀감을 알았을 뿐
꼬리의 방향으로 그가 살았던 곳을 감지함은
너무나 아득한 일

그날 고양이는 영원한 숙면에 들 자리가 필요했던 것일까

고양이 밥그릇에 온정을 남겨 이루어진 만남은
그 순간 헤어짐을 예감하고
멍하니 고양이의 잠 속에 든다

따스한 보금자리 한 번 펴 주지 못해 미안하구나

마지막 누운 그 자리가 거처가 된 고양이
앞발로 긁다 만 흙 한 줌은 고양이 잠의 이불이다

밥을 나눠 준 손길이 묻어 줄 손길임을 알았던 거다

고양이의 거처는 이제 비밀이 아니다

고양이의 꿈

꿈의 시작은 그때였지

요양원에 들어간 할아버지의 부재로
홀로 남은 고양이가
누군가의 손길을 기다리면서부터

빈방 안을 굴러가는 한기寒氣마저
식은땀으로 흥건해질 때
고양이는 밤마다 변신하는 꿈에
무슨 색깔을 입히고 있었을까

할아버지 느린 발걸음이
살포시 다녀가는 꿈길은
달콤한 교감의 시간

할아버지 영정 사진이 걸리던 날
그 꿈은 마침표를 찍었지만

마당에 우거진 강아지풀이 말라 가고
꿈이 사라진 그날 이후
앞발을 절며 걷던 고양이에게는
꿈꾸지 않는 잠이 도착했다

꿀벌의 묘를 보았다

바람을 가르던 날개 한쪽은
어디로 사라졌을까
그들은 꽃이 있는 곳이면
먼 길도 마다하지 않았는데
이제 그들의 궤적은 신화가 되었다

수십 리 날아가 이루지 못한 사랑
한 울타리 안에서도 닿지 못한 인연
성찬으로 가지고 온 향기에 취하여 그만
일회성 무기인 독침을
꿀독에 빠뜨리고 말았던 것일까

저기, 그 의문의 전사를 기리는
깨진 벽돌로 세운 묘비
색종이를 이어서 고리로
이제 울타리도 만들어 주었으니
결코 외롭지 않을 꿀벌의 묘지
삐뚤빼뚤하게 새긴 묘비 하나가

유치원 화단 구석에 서 있다
웅크린 분신마저 사라진 빈 묘인들 어떠랴
길을 잃어 난간에 부딪힌 상처로
무늬를 다친 날개 한쪽은 영영 잃어버리고

잊지 않으려 꽃잎 같은 어린 손들이
찔레나무 가시로 새기고 쌓아올린
꿀벌의 마지막 안식처
훈장도 없이 사라져간 전사의 슬픈 묘비명
잠시 걸음 멈추어 묵념하고 읽어 내려가는 꿀벌의 묘

변신은 무죄

이 레시피는 생수 이백오십, 각 얼음 반 컵
잘 익은 수박 과육 이백구십 그램
그들이 만나 믹서기에서 몇 바퀴 휙 돌아가면
수박의 변신, 다른 이름의 생과일 쥬스가 된다
액상 슈가 첨가는 기호에 따라 선택 사항

관심 한 스푼, 보살핌 두 스푼이면
사랑이라는 이름으로 세상이 무지갯빛으로도 변한대
결혼은 선택 사항일 수도 있다고

무관심 두 스푼, 서운함 세 스푼이면
이별이라는 이름으로 온 세상 아픔은 그들의 몫이지
추가 선택 사항은 그래도 참고 견디는 것이래

얼음이 물이 되고, 물을 한소끔 끓이면
수증기라는 자유로운 영혼으로 변신하지만
자유로운 영혼은 다시 귀소본능으로 바다로 되돌아온
다네

둥근 수박이 생과일 쥬스로 컵에 담기고
생과일 쥬스는 이제 다시 수박이 될 수는 없지만
한 톨 떨어진 씨앗은 수박 넌출에서 수박꽃으로 변신할 수 있는 일
꽃이 언제 피어날지는 그대의 상상에 맡기네

되돌아갈 수 있다는 것은
참 고마운 일
얼굴 가리고 웃음도 잠시 숨겼지만
우리는 그 시절의 마스크 없던 세상을 꿈꿀 수 있는 것이네

은행잎 한 장 들려 있었다

늦은 개찰구엔 역무원 대신
늙은 은행나무가 지키고 있었다

좌석 없는 차표로 개찰구를 지나는 나를
대합실의 낡고 긴 나무의자는
물끄러미 바라보기만 할 뿐
은행나무처럼 삐걱거리는 기차는
어김없이 연착으로 멈추어 주었다

멀리 바라보면 폭설처럼
어둠을 쏟아붓기 시작하는 기찻길
나는 오늘 저 끝이 보이지 않는 소실점을 향해
다시 돌아가는 길인데

차창에 비친 낯선 어깨가 가늘게 들먹이고
창가의 풍경은 점점 빠르게
기차를 앞으로 당기고 있었다

얼마나 오랫동안 여자의 시간은
해안선에 머물다 가는 것일까
창밖 풍경보다 앞서서
달은 소리 없이 기차를 따라오고

외곽으로 새길이 나
이제는 폐허가 된
소읍의 시무룩한 불빛들이 나른해질 무렵
나는 정차하는 역마다
위리안치, 더 먼 유배를 꿈꾸었는데

내 손엔 문이 닫힌 폐역廢驛에서
이름도 알 수 없는 역무원이 건네준
은행잎 열차표 한 장 아직 들려 있었다

해안선은 늘 바다 곁에 살았는데

오늘
저 바다는
바람이 낳은 자식일까
어제를 흘러온 모래알이었을까
서서히 밀려오는 파도의 혼잣말일까
짜디짠 햇살에 속내를 감추는 포말일까
뒤돌아보며 내 지나온 길을 지워주는 그들의 몸부림일까
물보라 머리에 이고 달려와 발자국을 들여다보는 그들의
너의 바다 물거품을 만들며 쉼없는 호흡으로 살아내는
발은 육지에 묻고 몸은 수압을 견디며 머리는 끝없이
바다 위 무동력선을 띄운 어부들이 그물질로 건져 올리는
괭이갈매기들의 번뜩이는 조망권 안에 잡히지 않으려는
어깨동무하고 깍지 끼며 달려드는 그들의 무언의 절규일까
바다와 뭍이 만나 잠시 해후하는 절박한 순간일까
과거와 미래가 껴안는 이 해안선은 꿈일까
오지 않는 사십 년 전의 소녀일까
해안선은 늘 바다 곁에 살고
나는 바다를 까마득히
잊고 있었는데
잊었는데
영영

습관일까
질긴 생의 힘일까
태양을 바라보는 향일성일까
태초의 나이테일까
안간힘일까

학교는 공사 중

겨울 방학 맞이한 학교는 공사 중
석면 품은 교실 천장을 제거하기 전
책상도 집기들도 복도로 피신 중이다

청정한 공기 뿜어준다고 들여놓았던
산세베리아, 스투키도 먼지를 피해
복도에 나와 늘어서 있는데
짓무른 상처에 잘려 나갔던 자리 옆
속살 보이며 돋아나는 새순도 함께 떨고 있다

전쟁 피해 보따리 꾸려 집 떠날 때
꼭 잡았던 어린 손
놓지 말아야지 다짐하던 순간처럼
새순끼리 서로 손가락 맞대고 온기를 나누는데

황사 먼지 가득 하늘 덮으면
이 세상 천장도 공사를 해야 하나
코로나-19가 점령한 하늘
더 이상 숨을 곳 이 땅 위엔 없는데
운동장 언저리 느티나무는 오늘도
텅 빈 까치둥지 하나 품고
긴 겨울과 이별 연습 중이다

파파분식 담장 아래는

민들레와 봄까치꽃이
목을 빼고
오지 않는 아이들을 기다리는
초등학교 가는 길목

실직한 파파가 차렸다는 파파분식
발돋움하며 먹고 가던
떡볶이와 김밥은
오늘도 식어가는데

발길 끊긴 담장 아래
민들레 두 송이 남몰래 피었다가
꽃대만 남기고 날아가는 동안
볕바라기만 하던 주인 파파
아이들 없는 창틀 너머로
담장 같은 마음 또 가라앉는데

스티로폼 화분에 심어 두고
코로나로 잊어버린 대파는 꽃 피어
소문 없이 벌들이 다녀가고
봄 햇살 아래 눈이 부시다

두릅순

지금 너는
오월의 하늘을
마음껏 차지하고 있지만
이미 오래 전
성장을 멈추는 방법도 체득하고 말았지

하늘이 높은지도
세상이 끝없이 넓다는 걸 모르던 시절
그 한 순간에만 머물고 싶었던 적 있었지

너는 세상에 두릅이라는 새순으로
쌉싸름한 봄날의 아린 맛, 사랑꾼으로 불리웠었지

이제, 초록 계단 올라가 하늘까지 닿은 나무가 되었네
날아올라 마음껏 성장의 변곡점을 지난 폭풍처럼
바람의 붓으로 진정한 너의 맛을 그리고 있지만
저 깊은 곳에서 올라오는 목소리는 들었니

결말을 모르던 이야기가
그 계단의 수고로움을 두려워하지 않고 올라갔으니
단 한 번, 내려다보며 그 아찔한 순간의 기억도 되살려 다오
유년의 성장점에 잠시 멈춘, 단조 노래 한 곡 들려올 테니

숨바꼭질

흙 속에 풀씨로 숨어
머리카락 보일세라 숨죽였지만

이제는 숨지 않으련다
바랭이꽃이 손바닥 우산을 펼친다

아이들이 사라진 운동장
무성한 줄기로 더불어 살자고 활짝 손을 든다

이번에는 아이들이 술래
바이러스에게 들키지 않으려 꼭꼭 숨어버렸지

함성 끊긴 씨름장
빗물 흐르던 물길마다 명아주와 강아지풀
씨름 대신 키 자랑 한창인데

담장 너머 감이 익어가는 가을, 운동회 날
숨었던 아이들 다시 돌아와
저 운동장 내달릴까
모두 어울려 만국기처럼 펄럭일까

화전리 산수유길

노란 어지럼증이
계곡을 타고 오른다

아래를 내려다보면
골바람에 발목 시리고
위를 올려다보면
황사 바람 꽃잎에 자욱한데
노랗게 토해 내는 꽃말

마스크로 가려도 또 봄이다

흐르는 개울물에는
지난가을 핏빛 열매의 흔적이 남아
조약돌 속에서 루비처럼 반짝이는데

숨겨둔 그리운 마음
새 꽃망울 옆에도 매달려
다 떨구어 내지 못한 단 한마디

만만한 생 아니니 더 단단히 걸어가거라

화전리 산수유길
꽃짐 지고 오르다 허리 굽은 십 리 길

지워버린 얼굴

반쪽만 보이는 얼굴의 외출은
최소한의 말만 걸어갈 뿐
웃음은 숨겨두기로 한다

집을 나서는 아침마다
거울에 걸어두는 내 얼굴의 반
분리된 반이 나누는 눈인사
나머지는 주인이 된 마스크

반을 지워버린 얼굴은
어제까지 미소 짓던
너의 보조개마저 잊게 하는데

무한 복제된 마스크들이
인적 끊어진 거리를 바람 속에서
밤마다 굴러다닐 즈음

숨쉬기 위하여
얼굴은 지워가고
하고 싶은 일은 미루고
할 말마저 서서히 잃어가는 사람들

물결에게 묻다

통영 앞바다로 흘러온 물결에게 묻는다

햇살 당겨 안고 잔잔하게 찰방거리는 물무늬에게
언제부터 거기 있었냐고 어디서 흘러
이제 왔느냐고 물어본다

뿌리가 있어 움직이지 못하는 저 물결
햇살 등지고 쓸쓸히 제자리만 맴도는데
너는 왜 무늬가 없느냐고 묻는다

통영 앞바다 물결은 대답 없어도 자신을 부릴 줄 안다
잇닿은 물결무늬 지우지 않고
없는 무늬 만들어 닮으라고 강요하지 않는다

멀리 섬과 섬 사이를 갈라놓으며 떠나가는 배
새 물결은 아픈 흔적 지우며
혼신을 다해 하얗게 뒤집어진다

내 품에 안겨 매화 향기 번지는 봄 바다
어린 물고기처럼 반짝이는 물수제비가 날다 사라지고
낯선 두 물결이 만나 서로 등을 토닥인다

후박나무 책꽂이

후박나무 책꽂이에
시집 몇 권 꽂혀
책상 옆에 놓여 있다

한때 푸르른 나무로 우뚝 서서
우듬지에 까치집 한 채 얹고
비바람 맞다가 설레는 노을 바라보며
붉은 새순 봄철마다 자랑하였으리

얼기설기 삭정이 까치집도
푸르던 목숨도 다 내려놓고
상처와 상처가 서로 닿은 집성목으로
하얗게 빛나는 나무의 숨결

이제는 사라진 우듬지 까치집 보듬듯
죽은 나무가
시집 몇 권 껴안고
나무가 나무를 깍지 끼고
주먹장 책꽂이 고요히 참선에 들었다

와촌에서

민들레 꽃씨가 날아와
양지바른 언덕에 거처를 옮겨 피었다
과수원 가지마다 방아쇠를 당기던 봄꽃은 보이지 않고
위로받고 싶어 칭얼거리던 날들도
못가에서 애기똥풀로 피어 흔들린다

여기는 양지마을 따스한 햇살보다
더 먼 북쪽 마을
기와를 굽던 옛 마을은
이제 아픈 노구를 따스하게 데워 주고
골목을 지나가던 경운기 소리 그친 와촌에는
자두꽃, 복사꽃도 이제는 끝물
능성 큰 마을 모든 꽃들은
지금 노을이 지기를 기다리고 있다

할미꽃도 져 이제는 머리 풀고
허리 숙여 들여다보는 다락헌 마당
맺돌 손잡이 틈새에 뿌리내려
늦게 도착한 할미꽃 한 송이
뒤돌아보는 저녁노을에 솜털이 반짝인다

2부

꽃눈이 오던 자리

손 하나 내미는데

경계는 늘 높기만 해

서로의 마음에 쌓은 붉은 벽돌
단단한 그 틈 사이로
긴 겨울잠 빠져나오는
어린 손가락 마디 하나

여리디여린 연두의 마음
봄 햇살 빌려
이쪽도 기웃 저쪽도 기웃대더니

새벽달 아직 서녘에서
졸린 눈 비비는 새날
경계를 넘어 밀려들어
속수무책 바라보는 저 눈부신 손짓

거북이의 시간

담티고개 가락산방에는
등껍질이 빛나는 거북이가 동거한다
열 시 삼십 분에 멈춘 시계와 함께

수백 년을 쉬엄쉬엄 오르다
드디어 걸음을 멈춘
담티고개 중턱
저 거북은 어느 바다
푸른 파도 한 자락을 붙잡아 맨 것인지
아직도 바닷속을 유영하는 포즈이다

갈라파고스 섬에서
팔백의 자손을 남긴 거북 디에고는
팔십 년 만에 고향 간다는 소식 전해 오고

그 옛날 곰도 함께 넘었다는 담티고개
아직도 불이 꺼지지 않는 가락산방
열 시 반에 맞추어 사람들은 이별의 손을 흔드는데
아직도 고개를 넘지 못한
여기는 거북이의 겨울이다

꽃눈이 오던 자리

처음부터 그 자리가
당신 자리는 아니었지요

홀로 긴 시간 여미어 왔기에
오늘은 이 자리에 모십니다

환하게 불 밝힐 사람
먼저 앉혀 드린 것은
동면의 시간이 너무 길어
회색 하늘을 일찍 밝히고 싶었기 때문

꽃샘바람이 다시 차갑기도 하다가
무서리 내린 뒤 따스한 햇살로 오다가
그날, 그날이 변덕스럽기도 하였지만
이 작고 여린 꽃불은 좀 위안이 되었나요

꽃잎 지고 꽃받침 져 내려
발치에 수북하도록
그 벤치에 앉았던 사람
이제 배웅 다 하였기에
옷자락 여미며 돌아섭니다

겨울 함박눈이 잠시 앉았다 새겨놓은 자리
그 자리 곁에 새롭게 다시 앉을 그대
벚나무 가지마다 눈부신 연둣빛 날개로 돋아납니다

새들의 행방

새들의 행방이 궁금하다면
해 질 녘 금호강변으로 가서 보라

서쪽 하늘로 무리 지어
그들만의 질서로 행군하는 새들을 보라

가끔 무리에서 이탈하여 방황하다
어느새 합류하여 오늘 저 노을도 더 붉어짐을

새들을 데리고 간 노을이 자취 감추면
금호강변에 내리는 저녁 어스름
땅도 물가도 아닌 곳에 자리잡은
강아지풀들은 누가 바람막이가 될는지

새들의 행방이 궁금하다면
내일아침 그들이 선회하다 사라진 그 자리를 찾아보라

밤사이 무슨 일이 일어났을까
다시 그들이 궁금하다면
하루 종일 해 질 녘까지 기다려 보라

사라져 잊혀진 것을 다시 보듬으며
오늘은 오늘의 새 노을이 그들을 반기며 불타오르리니

지상에서 지하로

더 빠르게, 너보다 먼저 닿아야만 하는 세상

보이지 않는 곳엔 질문이 없고
앞으로 달려갈 일만 남았다

생각 회로도는 순간 멈춤이고 목적지
경로만 헤아리니 그래도 사람들은
지하로 가는 계단에 성탄 트리를 세운다

두리번거릴 여유도 없이 도착하는 지하철을 타면
고개 숙여 졸고 있는 무표정 마네킹들
어둠 속 캄캄한 가속도만 믿으며
터널 아궁이로 미끄러지고 멈추며 가는
여기는 언제든 순장殉葬 가능한 지하 세상

귀 기울이면 지하수도 시냇물처럼 흐를 텐데
그 위에는 뿌리내리는 나무가 있고
온 힘을 모아 싹을 틔우는 봄날이 있고
지상을 두드리는 빗방울이 있건만

발길 끊긴 지상, 무심한 이정표를 지나
속도만 자랑하는 지하철에 몸을 싣는 저녁
우리는 어둠을 뚫는 재주를 얻고
멀리 바라보는 시야를 잃었다, 두더지처럼

봄날의 빗질

수양버들이 바람결에
치렁치렁한 머리를 빗는다

툇마루에서 할머니가
참빗으로 가지런히 빗겨주시던 머릿결
길고 검은 머리카락만 사러 다닌다던
만난 적 없는 가발공장 사람을 떠올리던 순간
어린 나의 분신이 되어버린
양 갈래로 땋아서 묶던 머리

그 가르마길 따라 바람결에 흩어지는 향기
한껏 풀어내며 빗질하는
봄날의 나른한 오후

인각사 학소대 길목, 수양버드나무
학수고대 기다리던 이제는 없는 엄마의 저녁 귀갓길처럼
두레박으로 심연 퍼 올리며 삼월 하늘에 몸을 담근다

절벽 아래 흐르는 냇가에
발 담그고 선 왜가리 한 마리
서성이는 발길 다시 머물게 하는
저 연녹색 봄날의 빗질
먼 가르마길 끝에서 노을 지도록 하염없이 기다린다

장미가 피는 뜨락

그날의 약속은 장미가 핀다고

칠 년 자란 장미 넝쿨이
장미 터널로 가시마저 향기로운 날
그 뜨락은 온통 장밋빛
장미꽃이 되려고 초대받은 손님들

길가에 터 잡은 금계국을 따라가면
댐에서 불어오는 바람결에 날개를 단 씨앗들이
다음 생을 찾아 날아가며 설레던 날

오늘 핀 장미는 내일부터 질 거라며 누군가 예고편을 보내고
성큼 자란 포도잎에 가려진 넝쿨 속 작은 포도알은 출발을 알리네

그날 잔치는 장미가 진다고
막걸리 한잔 꽃잎을 띄워 건네 오는데
장밋빛 인생은 이제 끝나는 건가요

잔을 든 떨리는 손은
장미꽃잎을 부여잡고 한번도 만나보지 못한
꽃 속의 그 환한 그림자에 마냥 가두어 두고 싶은데
오월 하루 장미꽃 그늘 옆에서 장미꽃 송이가 된 사람들
포도송이처럼 여물어 가는 날은 멀기만 한데

화려했던 장미꽃은 이제 질 거라고
또 다른 약속으로 헤어지는 뜨락에 별이 내리네

등장인물

너의 꿈속으로 걸어가
등장인물이 될게
주인공은 아니어도 좋아

걱정하지 마
영화관 스크린이 올라가는
자막 한편에 너의 이름도 있었어

너의 대본 속에 나는 있지만
꿈속에서 잊히는 건 두려워

아니야, 가끔 잊히면
아침이 새로워지기도 해

그래도 너의 시 속에 내가 등장할게
해피 엔딩은 아니어도 좋아
나를 기억해 줘

칫, 꿈속 여행길에 나를 두고
혼자 떠나지는 마

그녀의 마당

그녀의 마당에는 쉬지 않고
계절마다 꽃들이 다녀가네

복숭아꽃 봄날 마당에서 재잘거리고
가을엔 단감나무 단내를 피우더니
참다래 새콤하게 여물고

날아가던 새들도 마당에 새똥 슬쩍 보태며
그녀의 시선 하늘로 끌어올리면
그 마당 한없이 넓어져

새벽 마당 병아리 모이 준비하고
저녁 마당에서 시 한 줄 뿌리니
그녀의 마당에선 또 무엇이 자라고 있을까

첫눈 오는 날
무청 시래기 서걱이는 그녀의 마당에는
쓸어도 쓸어내도 싸락눈이 쌓이고
고양이 발자국도 꽃잎으로 찍히네

착시 속을 날다

시인의 드론 카메라가 규봉고택 마당 위를 날아
고택의 틀어진 용마루를 감지한다

주인 없는 마당가에 담장을 넘보는 대추나무는
가을 하늘에 붉은 대추 몇 알 던져놓고
시인들이 툭툭 시를 털어낼 즈음
매 한 마리 드론이 되어 고택 위를 맴돈다

착시 속을 날고
착시 속을 살고 있는 새
들판의 허수아비는 이제 그냥 지나치는데

드론 따라 날아보는 매는
고택 위를 선회하며
틀어진 용마루 위를 힘겹게 날아보지만

착시가 일상인 새들에게
투명 방음벽 너머 하늘은 차갑게 닫혀 있다

유치원 놀이터에 떨어진 새 한 마리가
발톱으로 움켜쥔 마지막 허공
가을 햇볕이 오래 쓰다듬고 있다

내 차는 굿모닝

내 차는 모닝, 때로는 굿모닝

자동세차장 진공청소기에
오백 원 동전 넣어
실내 청소를 시작하는 순간
문득 먼지와 함께 빨려들어 가버린 분홍 스카프

시린 마음까지
데워주던 따스함 아직 남았는데
허전한 목덜미도 잠시

순식간에 사라져버린
어두운 동굴 어디쯤 내 스카프는
오늘 아침도 여전히 안녕한지

아득하고
캄캄한 먼지의 날들 속에서
꽃무늬의 자존심 지키며
꽃다웠던 시절 아파할
길고 긴 동굴로 사라진 내 분홍 스카프

그래도 내 차는 굿모닝
오늘도, 내일도 굿모닝

월류봉에 가서 보라

가을 햇살에 온몸 맡긴 은사시나무가
그대에게 전하는 말 들은 적 있는가

월류봉 아래 푸른 여울 건너
은사시나무 온몸으로 떨고 있다

낯선 처마 아래 떨어 본 적 있다면 그대, 가서 보라

계곡을 건너오는 여울물 소리
발아래 차오르던 범람의 상처는 자갈밭 구르다
은사시나무 이파리 끝에 매달리고
바람과 햇살이 전하는 말 초강천 휘돌아 흐르는데

그때의 기억 아직 잊지 못해
일제히 손 흔들어 두려움 대신 반기는 저 이파리들

햇살 맑은 가을날
은사시나무 한 그루 벼랑 끝에 선다

월류봉 다섯 봉우리 단풍으로 갈아입고
강물은 그 모습 그대로 모른 척
월류정 달빛 오늘 밤에는 은사시나무 품으며

이제 그만 떨어도 된다고, 이 또한 지나가는 물결이라고

흐르는 달빛에 숨쉬는 은사시나무
그 눈부신 품에 안기려거든

그대, 월류봉에 가서 다시 보라

아홉산 대숲이 전하는 말

아홉 굽이, 돌고 돌아야
아홉산 대숲은
귀퉁이 한 자락 허락한다

신발을 벗고 양말 벗어
맨발로 아홉 굽이 고갯길
저린 발로 그믐 밤길처럼 길 더듬으니
감춰진 마음들 맨살이 보인다

팔조령은 여덟 명이 밤길 도와 넘었다는데
아홉산 대숲에서 아홉 여인들이
대나무 하나씩 붙잡고 외치는
임금님 귀는 당나귀 귀
임금님 귀도 당나귀 귀
서로 비틀거리며 걸어온 신발 뒷굽은 달라도
캄캄한 가슴마다 쟁여 둔 말들
대나무 숲 마디마다 모두 부려 놓고

맨발을 털고 아직도 버리지 못한 신발을 꿰며
돌아보는 아홉산 아홉 고개
어둠이 저녁연기처럼 깔려
일렁이던 시퍼런 대숲은
갈까마귀 떼 날아들자 진저리를 치고 있다

라면 한 그릇

어느 벌판을 건너서
이 먼 곳까지 왔는지
어깨 굽혀 웅크리고 있다가
어느덧 풀어진 길
헤엄치듯 반기며 꼬리도 흔드는

동명 휴게소
잠시 쉬어가는 길목에서 만나
더운 입김마저 새로운데
다시 만날 기약 없지만
어느새 허기 앞에 다가앉는
이 끝이 보이지 않는 점심 공양

제문祭文 읽어 내려가듯
젓가락으로 펴 다시 읽어보는
한때 푸른 벌판 일렁이는 물결이었을
라면 한 그릇

국밥 뜨는 여인들

음력 구월 스무이튿날마다
국밥은 할 말이 많다

갈무리해 둔 토란대
쑥쑥 분질러 넣은 대파 한 단
숙주나물 헹구어 무는 숭덩숭덩
푹 고아진 고기 국물에
국밥 뜨는 여인들 인심도 버무려져
국밥은 후회가 없다

백이십사 년 전 속리산
서늘한 골짜기로 내몰렸던
누더기 삼베옷들은 죽창 깎아
부릅뜬 두 눈으로 골바람 안아 견디며
밤하늘 시린 별빛 바라보았으리
서러운 국물에
고기 몇 점 밥 한 덩이 말아 놓으니
그날도 이렇게 견디었더라면

오늘은 여인네들 더운 김 불어가며 담아낸
실버카에 굽은 허리 의지하고
어스름에 저녁밥상 외로울 이 생의 길손들 앞에
한 그릇씩 차려놓은
상주 왕산공원 동학 위령제날

된바람 불어와 목덜미 서늘해도
삼베옷 입은 원혼들 그날의 함성은
속리산 계곡 서슬 퍼런 바위로
죽지 않고 살아남아
콸, 콸, 콸 물소리로 메아리치더라

화려한 봄밤

그 손짓 따라 홀린 듯 걸었지요

어제는 빈자리라 여기던
그곳에 불쑥
밀물 되어 밀려오는 당신
나는 잠시 말문을 닫고

서로 못 본 체 지나온 길들

전깃줄 바람에 울던 날 잊고
이리 와락 안겨 오실 일이면
기별이나 주시지

우듬지로 물오르는 나무둥치에 가만히
기대보는 두근거리는 밤
멀리 휘파람새 소리 나직한데
그대 이름은 잠시 허공 빌려 왔다가
안개처럼 지워지는 벚꽃

지난밤 꿈속엔 흐드러진 꽃가지마다
상제나비 떼가 매달려
폭설처럼 쏟아지더니

오늘은 당신과 나만이 아는
비밀스런 하룻밤 산책입니다

허수아비

너만 지켜보지만 너는
마주잡지 못하는 팔을 가지고 있지

너를 가득 안고 싶지만
너는 언제나 저만큼 떨어져 씨를 뿌리지

진창 같은 이 자리 떠나고 싶지만
발목은 이미 사라지고
나는 꿈에서만 이 벌판 걸어 다니지

참새떼 한 무리 나락을 흔들고 지나가지만
나는 허수아비
언제나 아비였지만
한 번도 아비였던 적 없는

기울어져 기다리며 날아가 버리는 꿈만 쫓다가
들판에서 천형天刑을 견디는 겨울
길어지는 아픈 팔 대신
날개 아니어도 걷고 싶은 나는
구멍난 밀짚모자 사이로
밤이면 아득한 푸른 별빛 보기도 하지

3부

모과 까치밥

개발제한구역

개발제한구역 청보리는
일렁이는 바람은 제한하지 않는다

반야월 연꽃단지 귀퉁이
누가 씨 뿌린 건지
딱 한 평 세 든 청보리밭
보리꽃 피어 푸르게 흔들린다

개발제한구역 푯말 곁에 두고
연꽃 없는 연못에 제 모습 비추며
보리깜부기도 하나 키우고 있다

멀리 개발 자유구역에는 아파트 숲들 솟아나
물그림자 흐려지면
개구리밥 부레옥잠 떠가고
세상에서 가장 너른
청보리밭 한 평
오월 햇볕에 한껏 기지개 켜는 중이다

아픈 날개

바람만 지나다니던 길 위에
충격의 고통으로
잠시 길 잃은 까투리 한 마리

하양에서 반야월 오는 금호 강변도로
누군가 달려온 속력의 힘이
날개를 멈추어 세웠다

드러내고 싶지 않은 상처
깃털에 숨긴 아직 따스한 온기를 안아
도로변 억새밭에 뉘어놓고
그림자 길어지는 들판을 보니
순간 굳었던 날개는 포물선을 그리며
힘겹게 날아 숲으로 사라진다

아픈 날개는 지금쯤
꿩병아리 숨죽여 기다리는
먼 그곳에 도착했을까

몸은 억새밭 떠났으나
함께 날지 못한 깃털 하나
노을 저무는 억새밭 지키고 있다

모과 까치밥

연둣빛 유혹도 못 본 체
혼자 매달려
지나간 비바람을 손금으로 새기며
발아래 모과 향기 그리워하는지

빈 가지 끝에서 겨우내 떨다가
까치밥도 되지 못하고
검게 타들어 간 가슴
물오르는 가지 사이에서 견디는 눈칫밥

겨울바람 휘돌던
시린 가지 끝에도
마른 젖 다시 돌 것 같아
밤이 되어도 오지 않는 엄마
기다리다 잠들던 별자리들

성가신 까치가 흔들다 간 가지마다
오늘은 모과꽃 피어
연분홍 꽃잎끼리 소곤거리는데

말라버린 젖가슴 물고
끝내 놓지 못하는
까만 모과 까치밥
얼어붙은 겨울의 피를 녹이는
저 뜨거운 심장 하나

물의 나라를 꿈꾸며

물을 찾아 먼 길 걸어간 사막 코끼리
기진하여 넘어지던 그 순간

질퍽이는 늪지라도 찾아 한 모금 물 마시려다
쓰러져 바라본 하늘도 간절히 그리던 푸른 물빛
거대함의 반은 어느새 사막과 한 몸이 되어가는데

지구를 반 바퀴 돌아 반야월 연꽃 단지
엽록소 빠져나간 빛바랜 연잎들
연 대궁은 부러져 고개 박고 흙탕물과 한 몸인데
겨우내 연못에 발 담그는 시린 마음
흩어지는 겨울 햇살 데려와 심장을 데우고

비가 내리지 않는다고 아우성인 나라
날마다 데워지는 목마름에 한 모금 흔적도 없는데
지구의 반대편에서는 폭우도 불사르는 물의 화재

고인 물속에 뿌리 묻은
새봄의 순은 어디에서 나오는가
들여다보니 지느러미 흔들어 결을 만드는
한 무리 어린 붕어 떼 지나가고
한 줌 흩어지는 연밥 속 씨알은
물속에 마른 몸을 적시는데

진흙탕 물 위에도 개구리밥 자라나고
입을 뻐끔거리는 올챙이들이 꿈꾸는
여기는 사막이 그리운 물의 나라

백일홍 그늘에 기대어

백 일 동안 피어나는 말
네가 거기 있어서 좋아

지난 백 일 동안은 견디어 온 말
네가 할 수 있는 일이라 믿고
동굴 속 아니어도 그곳은 캄캄하였지

움트는 백 일 동안
백일기도하는 마음으로
나 여기 먼저 피어
네가 보지 못한 하늘을 숨 쉴 거야

사복정 정자 처마 옆 백일홍 숲에서
붉은 부끄러움 꽃피어 백일
후드득 발치에 꽃잎 지면 백일 기념인 거지

백 일 동안, 그 너머 먼 폭풍을 견디며
다시 돌아올 백 일을 기다릴 거야
백일홍 꽃그늘에 기대어 서서

봄은 전류를 타고

등이 가려워요

몸속을 흐르던 전류가
더 이상 한곳에 머물지 못할 때
산등성이를 타고 무지갯빛으로 터져 나와요

참지 못한 연둣빛이 터를 잡는데
산벚나무는 한동안 밤이면 가지마다 흰 전구를 밝히고
산수유로 계곡마다 잔불을 지르다가
진달래는 수줍은 침실 등燈을 준비해요

십오만 사천 볼트의 무게를 이고
반야월 하양 간 길목을 지키는 송전탑
전류는 미끄럼 타는 봄으로
더 멀리 번져 나가요

가려운 등을 밟으며 가도
견디지 못하는 봄의 전류는
산불처럼 산등성이를 타고 올라
세상 모든 산들을 잡아먹어요

빈 가지 하나

언제부터 이 못가에 터 잡고 있었는지
수양버들 가지마다 물이 올라
늘어뜨린 삼단 같은 머리채
바람과 몸을 섞는다

가남지 바위 많은 가장자리
봄 햇살 반짝이는 못물에
싹도 못 틔운 해묵은 가지 비춰보는
늙은 수양버들

한둥치에서 자라
언젠가 벼락 맞은 왼 가지는
어느 결에 딱새 둥지로 내어주고

바람 부는 못가 걸을 때마다
보이지 않는 새들 지저귀는 소리 끊이지 않고
못물에 비친 서러운 몸부림
새소리로 날아오르는 빈 가지 하나

산딸나무

잔뿌리 끝 모세혈관을 열고
땅의 숨소리를 듣는다

저 멀리에서부터 전해 오는
계절은 어찌 그리 척박한지
한 걸음, 한 걸음 다가올 때마다
진땀이 관절 마디마다 밴다

불가마 같은 말들이 묵혀져
단단한 땅을 뚫고 기어이
뿌리 끝에 닿은 그 짜릿함은
산딸나무를 밤새 떨게 하였다

밤이 길수록
환한 아침은 더 빨리 오는지
가지 끝마다 말문이 열려
두런두런 그 속삭임 속에
순백의 포옆은
들판 끝 나비를 불러모으고

우렛소리 몇 번을 울고 갔던가
그 꽃말 하늘에 닿는 날
달구어진 숯불처럼 붉게 익어
하늘을 나는 종족에게 내어놓는
아낌없는 희생, 산딸밥 한 그릇

사소한 봄날

숨어 있던 나를
가만히 내밀어 본다

지난가을 그만 슬쩍 놓아 버렸던 한 톨
겨우내 웅크리며 엿보기도 두려웠으나

이번에도 세상은 그대로인데
아무도 모를 내 생은 다시 시작이다

머리카락 같은 싹이 보인다고
아지랑이가 기웃거리는 소리

내 안에서는 용틀임이지만
바깥은 햇살 아래 평화로운 봄날

성장의 늪

오솔길 안쪽으로
겁 없이 내미는 여린 손들
아지랑이처럼 헛손질도 보태며
자, 이곳이 시작점
자라나는 것들은 어느 곳인들 닿지 못할까
덩굴손으로 새순으로
아우성치는 저 줄기들
녹색 붓 한껏 휘둘러 가는
여름 숲의 빈자리는
어느새 아라베스크 무늬로 가득하고
두려움 없이 끌어당겨 끓고 있는 저 푸른 용광로
가시덤불 위로, 칡덩굴 아래로
성장점 손 내밀며
오직 진군밖에 모르는
저 비린내 나는 풋것들의
목소리도 뜨거운 늪

슬쩍 눈감아 줄밖에

유월, 잘 익은 열매들이
나뭇잎 뒤로 숨는 저녁
사복동 배롱나무 숲에서 보았네

나무들만 두런거리는 숲 가장자리
보는 이 없어도
배롱나무 가지 맨살 사이
얼굴 내민 석류꽃

아, 이를 어쩌나
밀어내는 마음 반
반기는 마음 반

석류나무 가지마다 뿜은 각혈은
배롱나무 새순을 물들이고
저 나무 백 일 동안 피기 전
며칠 밤만 묵고 간다는 말

어쩌나 모른 척할 수밖에
혀 내민 뱀딸기 숨죽여질 때까지
슬쩍 눈감아 줄밖에

열두 그루 자두나무

열두 그루 자두나무가
낯선 마을 불빛을 한참 내려다봅니다

여기는 한때 대구의 변방, 지금은 혁신도시
난개발과 그린벨트의 경계선에서
베어지고 남은 만큼 피워낸 봄입니다

새로 난 산책길 가로등 더듬어 가니
과수원 사라진 밭모퉁이, 열두 그루 자두나무
무너지고 깨진 석탑처럼 남았습니다

이사 와서 맞이한 첫봄
나보다 먼저 터 잡은 양지쪽에서
개나리, 벚꽃은 벌써 지고
수수꽃다리 향기 봄바람에 흔들리는데

어디를 가나 세상은 꽃 천지
가끔 유사품으로 혁신되지만
전지하지 않아 마음껏 키를 키운 열두 그루
성글고 아픈 가지마다 꽃망울 마음껏 터져
흔들림 없는 마음으로 마을을 지켜주는 여기는

보름달 뜨면 더 푸르게 빛나는
혁신도시, 잠 못 드는 밤입니다

점새늪 점새는 날아가고

점새늪은 오늘도 늙어가고 있다

점 하나로 시작한 우주의 먼지가
어디서 시작되었는지 모를 점 하나

연잎에 앉아 물방울로 말라버릴 조그만 점
아침 이슬방울처럼 덧없이 뚝 흘러내릴 점

점새는 점 하나로 시작하여 늪이 되었다
깊이도 모를 늪 속에 하늘이 고여 있는

점새는 어느 날 새가 되어 날아가고
박주가리 씨앗처럼 가볍게
끝없이 날아가 또 점이 되어 돌아올 터

반야월 연꽃 단지에는 형상 없는 점새가
아직은 날지 못한 점새만 늪이 된 점새늪이
기다려도 기차가 오지 않는 고가 철로를 바라보며
까마득하게 마른 연잎을 품고 고여 흔들리고 있다

점새늪 전망대에 오르면 비로소
품고 살았던 마른 꽃대궁이
투우사를 등진 소 같은 야윈 등이 잠시 보인다

태초에 진펄이 있었네

태초에 진펄이 있었네

이 넓은 연밭 연잎에 맺혀
세상은 둥글다고 믿는 옥빛 물방울
바람 잔잔한 날 구슬로 빛나네

햇연잎이 말아 쥔 손바닥과
연잎 한 장 위에 펼쳐진
둥글고 아득한 벌판이 너에겐
온 세상, 우주로 다가오네

안으로만 궁그는 몸짓은
바람 한 점에 그만 뛰어내려
물무늬로 흘러가 연못이 되고
향기는 바람에 실려 오네

태초에 물방울과
진펄에 담긴 연못이 있었네
펄 흙에서 삼만 년 꿈꾼 씨앗과
한 줄기 연꽃 향기도 숨어 있었다네

반야월 연밭은 태초를 담고
연밭이 메워진 아파트 단지는 이제
사람들의 이야기도 자꾸 심어 꽃 피고 있네

풍란風蘭이 왔다

베란다 한구석에서 갑자기
꽃향기가 난다

여름내 잊고 지냈던
숨죽여 웅크리고 있던 뿌리
따스한 가을 햇살 속
바람과 습기 머금어
말라가던 줄기에서 꽃대 내밀고
거미줄 같은 향기를 흩날린다

오래 잊었던 친구가 보내온
손편지 받아들고 단숨에 읽듯
풍란을 읽는다

잠시 잊었던 풍란 화분
베란다 가운데 옮겨놓고
볕 드는 거실을 향기로 채운다

풍란이 다시 왔다
가을 하늘 뭉게구름도 내려와
유리창 밖에서 향기 맡는 오후

벵갈에서 온 나무

벵갈에서 온 나무가
씨앗 하나를 데리고 왔다

햇살이 거실 창을 두드리면
줄기마다 굴을 매단 맹그로브 숲이 그리운 척
먼 곳만 바라본다

벵갈고무나무 낯선 화분에서 잔뿌리 내릴 때
발아된 떡갈잎고무나무는 갈 곳 몰라
허리 굽혀 남은 햇살 조각 주우며
부끄럽게 내밀던 참새 부리 같은 새 이파리들
한 뼘 내어준 마음 고맙기만 한데

바다 건너온 벵갈고무나무
뿌리내려 새 가지 키울 때
아래를 살피는 작은 그늘이 된
떡갈잎고무나무

오늘도 햇살 찾아와
벵골만 스치는 바람 소리 전하고
더부살이 떡갈잎고무나무도 형제처럼
벵갈고무나무에 기대어
낯선 이국땅 창밖을 내다보고 있다

무청 한 단

먼지 자욱한 시골길 건너온 트럭에서 산
무청 한 단

베란다 건조대에 줄 세워 널어 두니
하루 낮 햇볕에 안겨
들녘에서 머금었던 한바탕 소나기는
슬금슬금 허공에 물기로 돌려주고

한껏 시들해진 무청
지난여름 밭고랑의 손길도 잊고
줄기마다 바람에 온몸 맡기며
점점 희미해지는 초록

몸통을 버리고 점점 가벼워져
호흡마저 비워내 바스러지려 할 때
한소끔 뜨거운 김 받아 안으며
풀어져야 할 한세상

저무는 겨울 저녁 식탁 위
환한 무꽃으로 다시 피어날 무청 한 단

도파민 식사법

이제 도파민은 오늘의 식재료가 되었다

한 그릇의 우울은 소화되기를 거부하고
도파민 후식의 열정을 원한다

깡마른 뇌세포는 도파민을 상실하고
한 접시의 도파민으로
알록달록한 식욕은 자극된다

테이블보의 화려함은 식탁에 필요하지 않다
식도를 통과하지 않아도
오로지 뇌회로로 직수입되는 식재료만 원하는

흔들리는 하지불안증후군으로
점점 비대해지는 머리를 상상하면서
뇌혈관은 팽창하고 머리카락 끝은 한 가닥씩
접시 위에 드리워진다

얼마간의 시간이 필요하지만
단호하게 지금이라고 외치는
도파민 식사법은 포만감을 요구하지 않는다

언제 어디서든 어떻게라도 가능한가요
왜냐고 묻지 마세요
마스크로 가린 이 우울한 비빔밥은 이제 그만

4부

칸나가 피던 꽃밭 한 평

감꽃 목걸이

감꽃 목걸이 목에 걸어 보셨나요

생일 즈음 고개 내밀며 나지막한 금방울소리
울리며 피어나는 걸 이제 알았어요

그대와 뒷걸음질로 되돌아가
어느 갈림길에서 만난 우리
이른 새벽 떫은맛 남겨도 마냥 좋은
푸른 풀밭 속에서도 반짝이던 원석
하얀 무명실에 꿰어 보셨나요

통꽃 가운데를 조심스레 꿰어놓고
한 소절 축하 연주로 포슬포슬 되살아나
목에 걸면 싱그러운 감꽃 내음 톡톡
벽에 걸어 액자로 남겨놓은

감꽃목걸이 걸어주던 그날의 선물

매미 소리

매미 소리가 들리지 않던 여름 내내
이번 계절의 청각은
바이러스로 잃어버린 후각처럼 낯설다

여름 한철을 위해
이천오백 번 해가 뜨고 지는
어둠 속에 웅크렸던 사랑
어느 수풀 아래에서 속만 끓이는지

장맛비 그치기 전 입추 지나고
서늘한 밤 가로등 불빛 아래
뽑아올리는 여름날의 진혼곡 한가락

너무 반가워 창을 여니
문득 그치고 마는 매미 소리

화려한 무대 뒤 마지막 커튼콜도 없이
사라져버리는 그 소리를 되살려내고픈 관객들

이 여름 긴긴 장마 속
가남지 수양버들 우듬지에
등이 갈라진 상복 한 벌 걸어놓고
유서 한 장 남기지 않고 홀연히 떠나버렸나

환청이라도 들려올까 기다리며
창밖으로 귀가 기우는 밤이다

마취의 유혹

통증은 마취를 유혹한다

열려라 참깨, 주문을 외고 동굴을 열어
금이 간 석순石筍에 낯선 바람이 스칠 때
얼얼해진 무감각은
세상을 차단한다

채굴되는 깨진 조각들
악물고 씹고 씹히며 견딘
굴절된 시간의 켜들은 사라지고
새로운 이물질이 덧입혀지는 동안
먼 여행에서 돌아온 듯
동굴 속이 낯설다

치과에 가지 않아도
매일 마취 상태로 걷는다며
마스크를 쓰고 찌푸린 하늘을 보며
신호등에 멈춘 사람들은 중얼거리고

어릴 적 지붕에 던진
젖니의 행방을 생각하며
환한 동굴 밖으로 나설 때
휘몰아치는 이 낯선 감각
잠들었던 세포까지 곤두서는 오후

예견되지 않은 마취도
통증을 유혹한다

안쪽에 심다

새 치아를 심는 드릴 소리에
지나간 시간이
알콜램프 불꽃처럼 일렁인다

밑동 잘린 치아는
어디에 버려졌을까
일렁이던 시간이 재건축된다
이번 생에는 안마당에 나무도 심고
꽃씨도 뿌리고

안쪽에 심는 나무는
지난 시절에 대한 보상
매일 자라는 그는 열매 맺고
피어난 꽃은 향기도 날릴 거다

한평생 씹고 삼켜 어느 날
둑이 터지듯 무너진 자리
허물어진 담장에 뿌리내린
금속성 치아

새로 생긴 골짜기가 아직 낯설다

배달의 습관

낯선 향기가 문 앞에 와 있다

자판을 두드리면
이제 향기도 배달된다
컴퓨터 화면에서 피어나는 노란 꽃송이는 눈으로 읽히지만
문밖에서 벌써 향기로 기다린다

배달의 습관은 순서 없이 온다
자판을 두드리다 돌아서는데 벌써 문을 두드리니
맞아들이는 손길은 황망하다
주섬주섬 옷을 차려입고 눈 비비며
문을 여니 피지 못한 비릿한 향기가 먼저 안겨 온다

찾아가 주문하지 않아도
배달되어 오는 일상들
손가락이 알아서 주문하고
시공을 넘어선 별에서 할인 쿠폰을 달고
아낌없는 덤을 얹어 배달은 로켓을 타고 온다

오늘 배달된
한없이 가벼운 상자 하나
멀리서 오는 봄이
후리지어 한 다발로 문을 두드린다

사과를 깎으며

한 꺼풀 사라진다

그동안 담아낸 시간을 벗긴다
사과를 깎는 당신도 껍질을 벗기는 중
내가 오늘 걸었던 오솔길처럼 끊어질 듯
끊어지지 않고 길게 껍질을 깎아내는 손길은
기도하는 마음이다

하루가 또 사라진다

일회용 콘택트렌즈를 벗기며
마스크로 가렸던 하루와 이별한다
부유하는 먼지와 굴절된 햇살로 멀미하던 하루는
숙면이 필요하다

어두워지는 창밖을 보며 사과를 깎는다
사과는 무수히 햇볕에 덴 상처를 내려놓고
접시에 담겨 마지막 창槍을 받는다

염전처럼 졸아들던 하루가 다시 옷을 입는다

동짓날 긴긴밤에

손바닥을 마주하고 서로 반대 방향으로 굴리면
글쎄, 새알이 또르르 생겨난다네

염주알 굴리듯 한 해를 궁굴려 보는 순백의 염원
반질거리는 부뚜막에서 팥을 삶아
서러운 한 해 붉게 물들이며 맞이하는 동지

긴긴밤, 갈대숲에서 새알 품으면
어느 날 산마루로 날갯짓하며 떠오를 거라네

서늘한 물가 여울 물결들도
서로 깍지 끼고 살얼음 부둥켜안는 밤
갈대숲 사이 어미 새는 깃털로 강바람 막고
고개 꺾어 젖은 깃털 비비며
따스한 온기 품속에서 나갈까
더욱 안으로 보듬는 그 밤

마주 비비는 손바닥은
둥지가 되고 솜털이 되어
저런, 둥글게 모인 염원이 날개를 달고
푸르르 동트는 하늘로 날아오르네

개기일식

보이지 않던 달의 숨결이
보이는 손편지로 전해 오는 날
한낮 하늘은 일순간 긴장이다

머나먼 거리
닿을 수 없는 안타까움
한 번은 당신에게
화인처럼 새겨지고 싶은 열망

한 걸음 한 걸음 당신의 영역으로
조금씩 내 그림자 묻히며 젖어드는
당신에게로 가는 나의 몸짓

오늘 아니면 10년 후에야 본다는
개기일식 보러 산에 오르다
무릎 속 보이지 않는 연골이
삐걱거리는 신호를 보낸다

달그림자가 잠시 태양을 삼켰다 뱉어내듯
스며들다 나오는 우주의 순간처럼
시큰거리는 무릎도 다시 재생될 순 없는지
먼 길 돌아 여기까지 닿은 몸도 일순간 긴장이다

다시 차오르는 태양이
달의 흔적 지워내는 동안
산을 내려오는 무릎 연골은
지난 시간을 지워내진 못했다

수제비 뜨는 저녁

금호강가에서 물수제비뜨다가 돌아온 날
끓는 냄비 속에 싹이 나던 감자를 썰어 넣고
쑥향도 버무려 담방담방 수제비를 뜬다

아지랑이 속에 봄이 풀리는 강물
징검다리 위를 깨금발로 좋아하던 그이

어깨로 힘껏 던져
강을 건넌 물수제비 돌이
강가에 누워 바람을 쐬듯
납작납작 둥근 수제비 뜨는 저녁

냄비에는 더운 김 오르고
멸치 국물 속 감자 무르기를 기다리면
수제비는 한소끔 바르르 헤엄을 친다

금호강가에서 놀다 온 봄날
낮에 놀던 물수제비 생각하며
실눈 뜨고 목울대로 넘기는
희미한 추억의 국물

호야등불 심지 돋우고 둥근 상에 둘러앉아
온 가족이 후루룩거리며 땀 흘리던
엄마 생각나는 먼 수제비 한 그릇

칸나가 피던 꽃밭 한 평

칸나 꽃밭을 침실로 데려가 본 적 있는가
채송화 이부자리에 누워 잠들어 본 적 있는가

마당만 남기고
안방도 마루도 큰길로 내어주어야 한다던 그날
어린 나는 꿈꾸었지

앞마당이 툇마루로 바뀌고
꽃밭은 꽃이불이 되던 상상 속의 하룻밤

샐비어 맨드라미 위로
꿀벌이 날아다니던 자리는 천장이 되고
시멘트 블록 담을 기웃거리던 해바라기도 잠시
문지기로 서 있다가 사라졌지

산이 날아다닌 동네 비산동飛山洞 한가운데로
옹기종기 모여 살던 언덕은 낮아지고 집들은 사라져

바다가 갈라지는 모세의 기적처럼
새로 뚫리던 달구벌대로
불도저로 뒤집힌 진흙땅 위로 아스팔트 깔리고
언덕이 비켜 앉은 대로를 따라 자동차들은 신이 났지만

그 먼 여름날의 하루를 꿈속마다 찾아 나서는
내가 처음 봉숭아 꽃물 들이던 날
붉은 크레파스가 꽃으로 피던
이제는 갈 수도
찾을 수도 없는
칸나가 피던 꽃밭 한 평

오빠의 등

여섯 살짜리 혼자 놀던
오후의 툇마루 버리고
까까머리 중학생 오빠 따라
걷고 또 걸어 도착한
대구 대신동 시민극장

꼬깃꼬깃 접은 부족한 입장료
식은땀 흘리며 허가 받은
빗줄기 내리던 화면 상영작은 빨간 마후라
이리저리 날아다닌 창공
오빠의 꿈도 잠시 하늘의 사나이였을까
극장을 나서던 상기된 오빠 얼굴

한운사 문학관 빨간 마후라 앞에 서니
집무실 원고 탑 하늘에 닿아 있고
먼 옛날 휘날리던 마후라는
한바탕 비행으로 사라졌지만

비산동 노을 지던 언덕배기로
추위에 달달 턱을 떨며
볼을 대고 업혀 오던 그때
땀이 나서 촉촉하던 오빠의 등

머리카락 1

방바닥에 뒹구는 한 올이
누군가의 귀찮음이 되고
누군가에게는 떨어져 나간 흔적이 된다

머리카락이 짧은 그는
긴 머리카락 한 올에 마음이 어지러워
손가락으로 집으려다가
미끄러져 나가는 속도감에 허탈하여
스카치테이프의 끈적거림으로 흡착하니
겨우 시름을 비우고

그녀의 몸에서 멀어져 자유를 누리려다
떨어져 나가서도 길이의 존재감으로
주인이 누구인지 꼭 알려 주는

색소 잃고 흰색으로 두피 뚫고 올라와
염색되어 먼 곳까지 자라는 중

자꾸 떨어져 나가니 이걸 어쩌나
나가면 조용히 사라지든가

머리카락 2

황금 돼지띠래
그렇다네
육십 년이 되돌아왔어
기해년

할머니가 엄마가 땋아 주던 머리카락
이제 내가 만지고 있어
아침이면 돋아난 주름살 지우려
전기에 달구어진 롤을
이마 쪽으로 내리며 감곤 하지
집게로 꽉 잡아 주면
지나온 시간만큼 고분고분해졌잖아
아직은 쓸 만한 나의 장식품이야

엄마와 할머니 무릎 베던 밤
두 분이 오순도순
바느질감 덧대어 주며
쓰다듬던 손길 사이에

내 머리카락 있었지

육십 년은 한 번쯤 되돌아볼 언덕 위
내려다보니 한참 올라왔네
그때도 머리카락은 나의 장식품
참빗의 촘촘했던 단단함
묶은 양 갈래 위 몽글몽글 꽃망울이
지금도 빨갛게 웃고 있어
그 아래로 땋아 내리던 길이는
때로는 나의 자랑거리
때로는 할머니와 엄마의 솜씨 자랑감
마흔둘에 낳은 딸이 자랑스러웠잖아
그 시간에 나도 이렇게 도착했으니

거울 앞에 서니 그분들 얼굴 겹치고
내가 땋아 줄 머리카락 없지만
참빗 대신 엉성한 롤 빗으로
보존해 온 머리카락 어떻게든 구부려

오늘도 장식을 하잖아

몇 밤 지나면 황금 돼지띠래
기해년, 난 기해생이잖아

강아지풀

너는

내년에도 이 자리에 다시 살아나겠지

너의 보드라운 솜털의 의미를
그 사람은 너에게 문득 툭, 말을 걸더라

가을볕이 정말 서럽도록 좋은데 서늘함이 오기 전에
넌 바스러지는 몸을 누일 거야
너의 유전자는 우월해서

다시 너라고 우기며 봄을 예약하겠지만
우리는 누가 다시 여기 올 수 있는지 아무도 몰라
그 사람은

그때 이미 되돌아올 수 없음을 알고 너에게 말을

툭, 던졌지

나에게도 내년이 있으면 좋겠다고

다래끼

정지용 생가 싸리문 지키는
감나무 붉은 기운으로
눈시울도 따라 붉어져 눈 다래끼라네
그럴 리가

초가 담장 위 조롱박 한창 여물어 가
눈에 담고 오느라 힘주었더니
박처럼 부어올랐다네

그대 어릴 적 미소 우물 안에 갇혀
귓가에 속삭이며 벌개미취로 속눈썹에 아른거리더니
잔상 지우는 법 몰라 따끔거린다네
그럴 거야

옥천 실개천에 흐드러져 손짓하던 부름에
먼 길 달려가 머물던 호수는 깊어 되돌리던 발길
중력으로 부대낀 눈꺼풀의 아우성이라네

끓어오르는 용광로 건져 올린 알맹이 차갑게 식히느라
채우지 못한 오십 년 앞에 차마 마주하는
눈길 부끄러워
핑계로 뒤따라온 다래끼라네

자전거 타기

구월의 햇살을 굴려라 둥글둥글
오늘은 배워 볼까

초록과 황금빛 사이
안장은 내가 앉을 만큼만 내어 줘서 좋아
페달은 내 발이 닿는 데까지만

문 열고 들어오면 그곳의 경계선은
가능하지 않을 때와 가능해질 때

경계선 넘어 볼까
좌우를 살피랴 뒤돌아보랴
넘어지고 쓰러져도 넘지 못했던 영역을
그대로 그 동력으로 가라고 일러주던 말

힘껏 한 번에 굴러가 볼까 둥글둥글
허공과 땅 사이 그만큼만 평형 맞추면

착 구르다 구르지 못하는 두 바퀴
그래도 건너가 볼까 금 저편으로

공

툭 튀어
나와서 엉뚱한 곳으로 날아오거나
굴러내리거나 반대편 힘을 살짝 받아서 다시
가거나 당황하지만 반복되는 리듬은 잠시 탈 수 있
어 둥그니까 그럴 수 있지만 멀리까지 굴러가 버리면
원망을 보내고 탕 튕기는 매력에 용서가 돼 꼼짝없이
너의 시선에만 내 몸 맡기니 머리는 텅 비고 아무 생각
도 나지 않아 비니까 너무 가벼워 깃털로 날아가 버
릴 때는 되받아 잡을 수 없는 안타까움에 허망
하지만 나도 같이 비울 수
있으니 괜찮아

해설

세상 모든 생명들에게 손 내밀기

김경호(시인)

문득, 내가 자주 산책하는 한적한 오솔길에 '한 대의 낡은 피아노'가 벤치 대신 낯선 풍경으로 놓여 있다고 치자. 그런 피아노를 보고 그냥 무심히 지나칠 것인가? 아니면 피아노를 배운 적은 없지만 뚜껑을 열어 무딘 손이지만 우리가 처음 배운 도, 레, 미, 음계라도 한 번 두드려 볼 것인가. 호기심 많은 시인이라면 그냥 지나치지 않고 어떻게든 건반을 두드려 소리나게 해보고 싶은 욕망이 자연스레 일어날 것이다. '시를 쓰는 일'도 일상의 사물과 현상을 보고 어떻게든 '쓰지 않을 수 없는 욕망'의 발현이라고 할 수 있다. 일생을 살아가는 우리에게 주변의 사물들은 끊임없이 말을 걸어 온다. 그 말 걸어 오는 대상과 소통하고 대화하며 한 편의 시를 생산해 내는 시인은 참으로 비생산적인 자기만족형 노동자이다. 이은경 시인의 첫 시집 『고양이의 방』은 자연에 대한 애틋하고 순수한 시선과 따뜻한 가족애의 아름다운 시편들이 눈에 띈다. 시인의 주변에서 노래하지 않으면 배길 수 없는 사물과 풍경들을 순정한 언어로 풀어내고 있다. 길을 가다가 만난 '한 대의 낡은 피아노'처럼 문득 아름다운 선율이 흘러나와 독자들의 가슴에 온전히 울려 퍼지기를 기다리며 시인은 세상 난전에 또 한 권, 시집을 묶어 낸다.

이은경 시인의 시선은 주변 사물들을 관조하고, 먼저 손을 내밀고 따스한 시선으로 다가가서 속삭이며 내면의 진실을 솎아낸다. 아래의 시를 보자.

그 방에는 밖이 궁금한 고양이가 산다

털이 부드러워 공기로 떠다니는 위험한 고양이
목소리는 너무 작아 목울대에 멈춰 있는 치즈 빛깔

소유할 수 없는 그리움의 고양이 한 마리
모래를 만나면 영역을 표시하는
사막에서 쫓겨난, 사막을 그리워하는 종족

별빛 내리는 창가를 보며 높은 곳만 오르는 습성

창을 열면 까마득한 허공
문밖이 그립다고 뛰어내릴 수도 없는데

오직 혼자만의 세상이 당연한 고양이의 고립
어제도 오늘인, 오늘도 내일인 고양이의 숨소리
방황이 두려운 길고양이는 길들여진 유전자를 숨기고

날카로운 발톱을 거세하고 들판의 자유도 감금한
깊은 우물처럼 조용한 그 방에서
사각사각 들리는 저 소리는 자라나는 야성인가

오늘 밤 탈출보다 푸른 모래언덕을 그리워하며
어둠을 엿보는 한 마리 고양이
고양이가 궁금하여 그 방을 살그머니 흔들어 본다

무슨 소리일까, 목젖이 보일까 궁금한데
밤이면 불 켜진 놀이터가 보이는 그 방에는
먹이를 잊어버리고 어슬렁거리는 성자가 산다

—「고양이의 방」 전문

우연히 동거를 시작하게 된 길고양이를 시인은 처음에는 마뜩하게 생각하지 않았다. 털이 날릴 것이며, 먹이 주기와 배변 정리하기는 더 성가신 일이라는 선입견도 있었을 것이다.

하지만 방에서만 지내고 나오지 않는다는 조건으로 맞이한 어린 길고양이 한 마리. 시간이 흘러도 도무지 있는지 없는지도 모를 조심스런 동물. 어느 날부터 시인은 그 고양이가 궁금해지기 시작했다. 무슨 소리가 들리지 않나 방문에 귀를 대보기도 하면서. 방 안에서만 '존재'하지만 존재가 느껴지지 않는 길고양이의 일상을 묘사한 위의 시는 시인으로서 오랜 사유와 따뜻한 시심이 느껴진다. "털이 부드러워 공기로 떠다니는 위험한 고양이", "소유할 수 없는 그리움의 고양이", "방황이 두려운 길고양이", "어둠을 엿보는 한 마리 고양이"는 결국은 "먹이를 잊어버리고 어슬렁거리는 성자"로 시인은 한 마리 길고양이를 아름답게 더 높은 단계로 승화시키고 있다.

우리가 사는 이 세기에 코로나-19는 전례 없는 공포와 일상의 제약을 가져다주었다. 수많은 시인, 작가들이 이 현상을 그들 나름의 사유로 풀어내었는데 다음 시는 봄이 와도 봄을 온전하게 맞이하지 못하는 이웃들의 쓸쓸한 아픔을 노래하고 있다.

민들레와 봄까치꽃이
목을 빼고
오지 않는 아이들을 기다리는
초등학교 가는 길목

실직한 파파가 차렸다는 파파분식
발돋움하며 먹고 가던
떡볶이와 김밥은
오늘도 식어가는데

발길 끊긴 담장 아래
민들레 두 송이 남몰래 피었다가
꽃대만 남기고 날아가는 동안
볕바라기만 하던 주인 파파
아이들 없는 창틀 너머로
담장 같은 마음 또 가라앉는데

스티로폼 화분에 심어 두고
코로나로 잊어버린 대파는 꽃 피어
소문 없이 벌들이 다녀가고
봄 햇살 아래 눈이 부시다

—「파파분식 담장 아래는」 전문

민들레와 봄까치꽃은 긴 겨울을 이겨내고 이른 봄이 찾아왔음을 알리는 반가운 꽃이다. 이른 봄꽃들은 자세히 보아야 그 낮고 어여쁜 자태를 잘 관찰할 수 있다. 반가운 봄이 찾아왔지만 코로나-19 사태로 인하여 퇴직금을 털어 초등학교 가는 길목에 개업한 '파파분식'은 개점휴업이다. 비대면 수업으로 등교하지 않아 김밥과 떡볶이를 사랑하는 어린이 고객이 끊어졌기 때문이다. 아이들이 오지 않는 가게를 지키는 파파는 가게 뒤편에 심어둔 파꽃이 피어 벌들이 다녀가는데도 봄이 왔지만 봄을 반갑게 맞이하지 못함을 그려내고 있다. 이 밖에도 코로나-19 사태를 맞아 마스크를 쓰고 일상을 견디고 이겨내야만 하는 우리 주변의 모습들을 「숨바꼭질」, 「화전리 산수유길」, 「지워버린 얼굴」, 「배달의 습관」 등의 여러 시편에서도 찾아볼 수 있다.

담티고개 가락산방에는
등껍질이 빛나는 거북이가 동거한다
열 시 삼십 분에 멈춘 시계와 함께

수백 년을 쉬엄쉬엄 오르다
드디어 걸음을 멈춘
담티고개 중턱
저 거북은 어느 바다
푸른 파도 한 자락을 붙잡아 맨 것인지
아직도 바닷속을 유영하는 포즈이다

갈라파고스 섬에서
팔백의 자손을 남긴 거북 디에고는

팔십 년 만에 고향 간다는 소식 전해 오고

그 옛날 곰도 함께 넘었다는 담티고개
아직도 불이 꺼지지 않는 가락산방
열 시 반에 맞추어 사람들은 이별의 손을 흔드는데
아직도 고개를 넘지 못한
여기는 거북이의 겨울이다

—「거북이의 시간」 전문

지금은 지명이 희미해져 대구지하철 2호선 담티역으로 기억되지만 담티고개는 광역시로 편입되기 전에는 대구시와 경산시를 경계 짓는 고개이기도 하였다. 담티고개 가락산방 식당에서 만난 박제된 거북. 바다를 유영하는 포즈로 벽시계 옆에 붙어 있는 거북은 거북의 시간과 인간의 시간을 절묘하게 겹쳐서 독자들의 감성을 건드리고 있다. 헤엄칠 수 없는 거북의 '정지된 시간'과 열 시 삼십 분에 모임 자리를 파하는 시인의 '현재의 시간'은 담티고개에서 수백 년의 시간을 넘어 드디어 조우하게 된다. 과거의 시간과 현재의 시간이 '뫼비우스의 띠'처럼 담티고개를 매개로 절묘하게 겹치고 있다. 시인이 시를 쓰는 일은 박제된 거북이가 넘을 수 없는 담티고개를 넘는 일처럼 세상을 향한, 푸른 파도 자락을 향한 끝

없는 허우적거림은 아닌지 시인은 나직하게 옛이야기들을 소환하여 들려주고 있다.

그녀의 마당에는 쉬지 않고
계절마다 꽃들이 다녀가네

복숭아꽃 봄날 마당에서 재잘거리고
가을엔 단감나무 단내를 피우더니
참다래 새콤하게 여물고

날아가던 새들도 마당에 새똥 슬쩍 보태며
그녀의 시선 하늘로 끌어올리면
그 마당 한없이 넓어져

새벽 마당 병아리 모이 준비하고
저녁 마당에서 시 한 줄 뿌리니
그녀의 마당에선 또 무엇이 자라고 있을까

첫눈 오는 날
무청 시래기 서걱이는 그녀의 마당에는
쓸어도 쓸어내도 싸락눈이 쌓이고
고양이 발자국도 꽃잎으로 찍히네

—「그녀의 마당」 전문

이 시가 아름다운 것은 농촌에서 시를 쓰고 있는 한 시인의 마당을 스쳐가는 시간을 붙잡아 놓고 사계절의 변화를 우리에게 보여주고 있다. 허투루 보면 그냥 스쳐가고 어질러 놓으면 번거로운 공간 위에다가 '복숭아꽃'을 봄날 마당에 불러들이고, '참다래'와 '단감나무'도 심어두고, '첫눈 오는 날' 싸락눈 쌓인 마당에 고양이 발자국이 찍히는 것을 '꽃잎'으로 묘사해 아름다운 서정으로 노래하고 있다. 이 시는 마당이라는 공간에서 시각이 보여주는 평면 풍경인 고양이 발자국, 동적인 풍경인 날아가는 새들, 청각적인 풍경인 무청 시래기 서걱이는 소리들을 불러 모아 오케스트라처럼 한 공간을 변주하고 있다. 마당이라는 닫힌 공간을 사계절 살아 숨 쉬는 역동적인 공간으로 변주해 내는 것은 이 시인의 서정을 형상화하는 미덕으로 보인다.

바람만 지나다니던 길 위에
충격의 고통으로
잠시 길 잃은 까투리 한 마리

하양에서 반야월 오는 금호 강변도로
누군가 달려온 속력의 힘이
날개를 멈추어 세웠다

드러내고 싶지 않은 상처
깃털에 숨긴 아직 따스한 온기를 안아
도로변 억새밭에 뉘어놓고
그림자 길어지는 들판을 보니
순간 굳었던 날개는 포물선을 그리며
힘겹게 날아 숲으로 사라진다

아픈 날개는 지금쯤
꿩병아리 숨죽여 기다리는
먼 그곳에 도착했을까

몸은 억새밭 떠났으나
함께 날지 못한 깃털 하나
노을 저무는 억새밭 지키고 있다

—「아픈 날개」 전문

까투리 한 마리가 달리는 자동차 차창에 부딪혀 충격의 고통으로 길 위에 쓰러져 있다. 먼저 지나친 차에 부딪힌 것이다. 강변도로는 새들의 먹이 활동 영역이기도 하고 인간의 산책과 교통 활동 영역이기도 하다. 깃털에 숨겨진 "드러내고 싶지 않은 상처"를 시인은 주저하지 않고 가슴으로 안아 도로변 한적한 억새밭에 놓아준다. 서쪽 하늘 저녁노을이 아름다운 순간이지만 "아픈 날개"는 힘겹게 먼 둥지를 찾아 포물선으로 날아간다. 다시 자동차로 가던 길을 달리는 시인의 가슴에는 노을 저무는 갈대밭보다 "함께 날지 못한 깃털 하나"가 더 안타깝게 남아 있는 것이다. 자연을 바라보는 곡진한 사랑이 느껴지는 시편들이 이 시집에는 가득 담겨 있다. 하나의 현상과 사물을 바라보는 마음이 결코 과하거나 넘치지 않고 온건하고 은근하게 독자의 가슴에 물결처럼 전해져 오는 그 서정이 독자들 마음에 긴 여운을 남기고 있다.

아래의 시편은 모과꽃은 피었는데 지난해 열린 모과 열매가 아직 떨어지지 못하고 매달린 안타까운 모습을 노래한 시다.

연둣빛 유혹도 못 본 체
혼자 매달려
지나간 비바람을 손금으로 새기며
발아래 모과 향기 그리워하는지

빈 가지 끝에서 겨우내 떨다가
까치밥도 되지 못하고
검게 타들어 간 가슴
물오르는 가지 사이에서 견디는 눈칫밥

겨울바람 휘돌던
시린 가지 끝에도
마른 젖 다시 돌 것 같아
밤이 되어도 오지 않는 엄마
기다리다 잠들던 별자리들

성가신 까치가 흔들다 간 가지마다
오늘은 모과꽃 피어
연분홍 꽃잎끼리 소곤거리는데

말라버린 젖가슴 물고
끝내 놓지 못하는
까만 모과 까치밥
얼어붙은 겨울의 피를 녹이는
저 뜨거운 심장 하나

—「모과 까치밥」 전문

모과는 5월이면 연분홍 다섯 장의 작고 여린 꽃잎을 피워 내고 봄을 맞이한다. 모과꽃 피어 한껏 모과나무가 눈부신데 지난가을 떨어지지 못하고 겨울을 견디며 아직 달려 있는 모과 열매. 이제는 그 향기도 다 날아가고 까만 열매가 되어 '엄마 젖을 떼지 못하는 어린아이'처럼 한 번 떨어지면 영원히

재회할 수 없는 이별을 안타까워하는 것처럼 놓지 못하고 마른 젖가슴을 물고 견디는. 검고 딱딱하여 까치밥도 될 수 없는 모과 열매. 그 하나를 바라보면서, 결코 잊혀지지 않는 모정과 지난 계절 "얼어붙은 겨울의 피"와 "뜨거운 심장 하나"를 시인의 시심으로 다가간다. 마치 폐허 속에서 반짝이는 보석을 찾아내는 밝은 눈을 가지고 있는 것처럼.

여섯 살짜리 혼자 놀던
오후의 툇마루 버리고
까까머리 중학생 오빠 따라
걷고 또 걸어 도착한
대구 대신동 시민극장

꼬깃꼬깃 접은 부족한 입장료
식은땀 흘리며 허가 받은
빗줄기 내리던 화면 상영작은 빨간 마후라
이리저리 날아다닌 창공
오빠의 꿈도 잠시 하늘의 사나이였을까
극장을 나서던 상기된 오빠 얼굴

한운사 문학관 빨간 마후라 앞에 서니
집필실 원고 탑 하늘에 닿아 있고

먼 옛날 휘날리던 마후라는
한바탕 비행으로 사라졌지만

비산동 노을 지던 언덕배기로
추위에 달달 턱을 떨며
볼을 대고 업혀 오던 그때
땀이 나서 촉촉하던 오빠의 등

—「오빠의 등」 전문

우리가 성인이 되고 나서 타인의 등에 얼마나 업혀본 기억이 있는가. 어린 시절 중학생인 "오빠의 등"에 업혀 먼 길을 걸어서 도착한 재개봉관 극장. 그 시절의 영화 구경은 명절이나 특별한 날에만 가능한 호사였다. 지금은 나이가 들어 머리가 희끗해진 오빠와 동생 사이겠지만 그 시절 까까머리 중학생 오빠는 귀한 용돈을 아껴 막내 여동생과 꿈에도 보고 싶었던 "빨간 마후라" 영화를 보았다. 먼 길을 걸어간 어린 여동생은 영화를 보고 나서 아마 칭얼거렸으리라. 겨우 입장료를 맞춘 터라 돌아오는 길에 버스를 탄다는 일은 상상도 어려운 일. 어린 여동생을 업고 터덜터덜 해가 뉘엿뉘엿하는 저녁 먼 길을 걸어 집으로 돌아오는 길. 이제는 영원히 잃어버린 공간인 중학생 오빠의 촉촉한 등. 그리운 그 "오빠의 등"

에 언제 다시 볼을 대어 볼 수 있을까. 다시는 돌아갈 수 없는 그 시간과 공간에 대한 추억을 소환하는 이 시편은 아름답고 따뜻한 가족애가 느껴진다.

시인의 오감은 늘 열려 있어서 도처에서 그 예리한 촉수로 사물을 터치하고 재해석한다. 베란다에서 구석으로 밀려난 식물의 향기로운, 경이를 만나는 시를 보자.

베란다 한구석에서 갑자기
꽃향기가 난다

여름내 잊고 지냈던
숨죽여 웅크리고 있던 뿌리
따스한 가을 햇살 속
바람과 습기 머금어
말라가던 줄기에서 꽃대 내밀고
거미줄 같은 향기를 흩날린다

오래 잊었던 친구가 보내온
손 편지 받아들고 단숨에 읽듯
풍란을 읽는다

잠시 잊었던 풍란 화분

베란다 가운데 옮겨놓고
별 드는 거실을 향기로 채운다

풍란이 다시 왔다
가을 하늘 뭉게구름도 내려와
유리창 밖에서 향기 맡는 오후

―「풍란風蘭이 왔다」 전문

식물을 좋아하다 보면 화분을 모으게 되고, 모아놓은 화분 개수가 많아지고 어느 순간 제대로 갈무리하는 데 한계를 느끼게 된다. 많은 식물 화분 중에 제가 원래 자라던 환경과 맞지 않은 식물은 잎을 떨어뜨리고 몸살을 앓는다. 그 많은 화분 중에 달라진 환경에 적응하지 못한 풍란이 어느 날 혼신을 다하여 피워낸 꽃향기. 그 풍란이 베란다 한구석에서 피어나 한 공간을 향기로 가득 채울 때의 반가움을 "오래 잊었던 친구"의 손 편지처럼 반갑게 맞이하고 있다. 이렇듯 이은경 시인의 오감은 주변 사물들의 변화를 관찰하고 깊은 사유를 새로운 언어로 소박하게 직조해 내고 있다. 직장을 오고 가는 길에 만난 유치원 어린이들이 날개 한쪽을 잃고 죽은 꿀벌을 장사 지낸 아름다운 마음과 모습을 다음과 같이 표현하고 있다.

바람을 가르던 날개 한쪽은
어디로 사라졌을까
그들은 꽃이 있는 곳이면
먼 길도 마다하지 않았는데
이제 그들의 궤적은 신화가 되었다

수십 리 날아가 이루지 못한 사랑
한 울타리 안에서도 닿지 못한 인연
성찬으로 가지고 온 향기에 취하여 그만
일회성 무기인 독침을
꿀독에 빠뜨리고 말았던 것일까

저기, 그 의문의 전사를 기리는
깨진 벽돌로 세운 묘비
색종이를 이어서 고리로
이제 울타리도 만들어 주었으니
결코 외롭지 않을 꿀벌의 묘지
삐뚤빼뚤하게 새긴 묘비 하나가
유치원 화단 구석에 서 있다
웅크린 분신마저 사라진 빈 묘인들 어떠랴
길을 잃어 난간에 부딪힌 상처로
무늬를 다친 날개 한쪽은 영영 잃어버리고

잊지 않으려 꽃잎 같은 어린 손들이
찔레나무 가시로 새기고 쌓아올린
꿀벌의 마지막 안식처
훈장도 없이 사라져간 전사의 슬픈 묘비명
잠시 걸음 멈추어 묵념하고 읽어 내려가는 꿀벌의 묘

—「꿀벌의 묘를 보았다」 전문

꿀이 있는 꽃을 찾아 수십 리를 마다하지 않고 날아다니며 꿀과 화분을 채집해 오는 일벌. 그 연약한 일벌 한 마리의 죽음이 어린아이들의 눈에 발견되어 어린이들이 "삐뚤빼뚤"한 글씨로 꿀벌의 묘라고 쓰고 색종이를 오려 고리를 만들어 장식해 놓은 "꿀벌의 묘". 고사리손들이 모여 만들어 놓은 꿀벌의 영원한 안식처를 발견하고 시인은 걸음을 멈춘다. 세상 모든 꽃을 찾아다니던 죽은 꿀벌을 꽃잎 같은 손과 마음들이 함께 모여 쓰다듬는 꿀벌의 묘. 시인의 상상은 비록 연약하고 하찮아 보이는 곤충이지만 그 삶의 무게는 우주의 모든 생물이 다 소중하고 고귀함을 말하고 있다. 우리 사는 지구라는 별에서 꿀벌이 없는 인간의 삶을 상상할 수 없듯이 우리 사는 세상의 모든 생명은 서로 유기적으로 연결되어 있음을 일깨워 주고 있다. 이 시집에 실린 고양이 연작 중 돋보이는 아래의 시를 보자.

고양이의 거처는 한동안 비밀이었다

다만, 들고 난 흔적으로 다녀감을 알았을 뿐
꼬리의 방향으로 그가 살았던 곳을 감지함은
너무나 아득한 일

그날 고양이는 영원한 숙면에 들 자리가 필요했던 것일까

고양이 밥그릇에 온정을 남겨 이루어진 만남은
그 순간 헤어짐을 예감하고
멍하니 고양이의 잠 속에 든다

따스한 보금자리 한 번 펴 주지 못해 미안하구나

마지막 누운 그 자리가 거처가 된 고양이
앞발로 긁다 만 흙 한 줌은 고양이 잠의 이불이다

밥을 나눠 준 손길이 묻어 줄 손길임을 알았던 거다

고양이의 거처는 이제는 비밀이 아니다

—「고양이의 잠」 전문

한 마리의 늙은 길고양이에게 손을 내미는 시적 화자는 처

음엔 거처를 알 수 없었다. 우연히 인연을 맺은 길고양이는 밥그릇을 부정기적으로 비우게 되면서 시인의 민감한 촉수는 헤어짐을 예감하게 된다. 추위와 배고픔을 막아줄 "따스한 보금자리 한 번" 마련해 주지 못한 아쉬움으로 헤어지게 된 고양이. 알 수 없던 고양이의 거처가 마침내 비밀 해제되고 영원한 안식에 들게 되는 과정을 나직한 목소리로 중얼거리듯 묘사하고 있다. 긴장을 놓치지 않으면서 결코 과장되지 않는 호흡으로 여운을 남기며 생명을 가진 모든 것들에 대한 경외감을 노래하고 있다.

이처럼 이은경 시인의 시는 자연의 생명 질서 속에서 살아가는 모든 생명들에 대한 경외감을 시적 언어로 새로이 환기시켜 독자들에게 생명의 소중함을 일깨우고 있다. 아직도 코로나-19 사태는 전 지구적으로 우려와 공포 속에서 인간에게 고통을 주고 있다. 태양계에서 유일한 아름다운 생명의 별인 지구가 우리 인간의 남용과 탐욕으로 병들어 신음하고 있는 것이 현실이다. 그러나 우리 인간은 반드시 이겨내고 다시 새로운 생명 질서의 시대를 맞이하게 되리라.

이러한 혼란의 시대를 살아가는 오늘날, 이은경 시인의 생명을 향한 따뜻한 시선과 관심의 시편들은 우리 시대를 더 아름답고 풍요롭게 할 것이다. 오래 연마한 시인의 첫 시집 출간을 축하하며 또 다른 차원의 시를 향한 끊임없는 탐구와 열정으로 독자를 기쁘게 하는 더 큰 시인이 되기를 기대한다.

시하늘시인선 04

이은경 시집
고양이의 방

초판 1쇄 발행 2021년 8월 10일

지은이 이은경
펴낸이 이은재
펴낸곳 도서출판 그루

출판등록 1983. 3. 26(제1-61호)
06121 서울특별시 강남구 봉은사로 129, 1210호
42452 대구광역시 남구 큰골 3길 30
TEL 02-358-1161, 053-253-7872 / FAX 053-257-7884
E-mail / guroo@guroo.co.kr

값10,000원
ISBN 978-89-8069-451-8